# प्यार के अल्फ़ाज़

कर्णिका अग्रवाल

# क्रम-सूची


1. अध्याय 1 — 1
2. अध्याय 2 — 2
3. अध्याय 3 — 3
4. अध्याय 4 — 4
5. अध्याय 5 — 5
6. अध्याय 6 — 6
7. अध्याय 7 — 7
8. अध्याय 8 — 8
9. अध्याय 9 — 9
10. अध्याय 10 — 10
11. अध्याय 11 — 12
12. अध्याय 12 — 18
13. अध्याय 13 — 20
14. अध्याय 14 — 22
15. अध्याय 15 — 23
16. अध्याय 16 — 25
17. अध्याय 17 — 26
18. अध्याय 18 — 28
19. अध्याय 19 — 29
20. अध्याय 20 — 31
21. अध्याय 21 — 32
22. अध्याय 22 — 34

# अध्याय 1

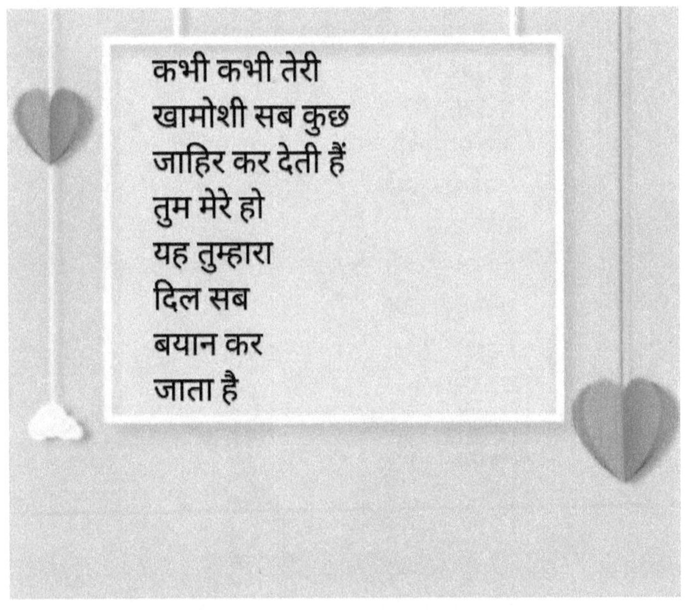

# अध्याय2

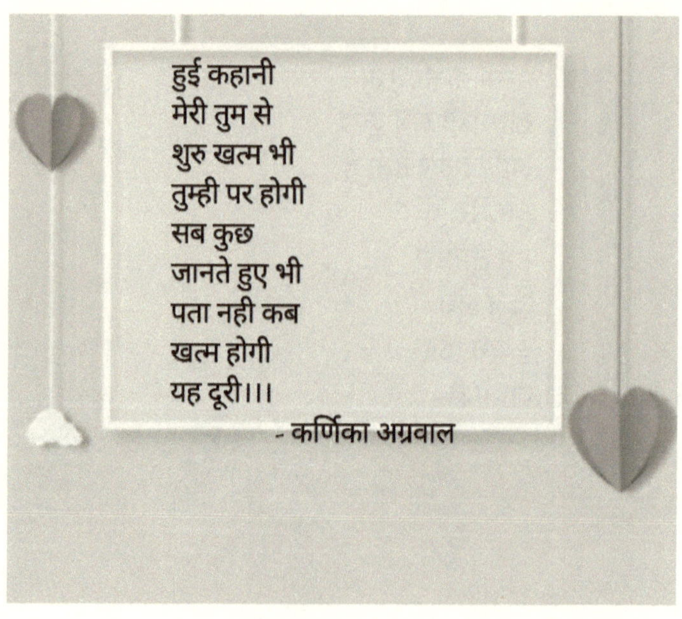

हुई कहानी
मेरी तुम से
शुरु खत्म भी
तुम्ही पर होगी
सब कुछ
जानते हुए भी
पता नही कब
खत्म होगी
यह दूरी।।।
- कर्णिका अग्रवाल

# अध्याय 3

मुझे तुम्हारा हमदर्द बनना है
मुझे तुम्हे दिल में नही
तुम्हे ख्यालो में बिठाना है
तुझे अपनी आँखो में नही
अपने श्रृंगार में बसाना है मुझे
अपना बना लो मुझे

# अध्याय4

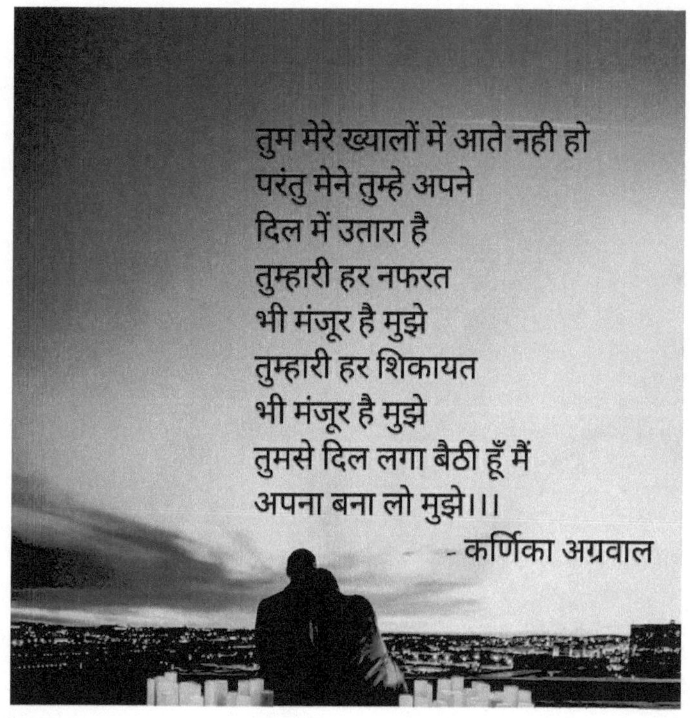
तुम मेरे ख्यालों में आते नही हो
परंतु मेने तुम्हे अपने
दिल में उतारा है
तुम्हारी हर नफरत
भी मंजूर है मुझे
तुम्हारी हर शिकायत
भी मंजूर है मुझे
तुमसे दिल लगा बैठी हूँ मैं
अपना बना लो मुझे।।।
- कर्णिका अग्रवाल

# अध्याय 5

मेरी इशक़ की गलियों
से ना गुजरना तुम
तुम्हारे पास आते ही
जोरो से धडकने
लगता है दिल मेरा
तेरा फोन कॉल या
मैसेज कब आयेगा
इसी इंतेज़ार मे
गुज़रे है दिन मेरे
लम्हा लम्हा याद मै
करती हूँ तुम्हे
यही सोचकर दिन
गुज़र जाते है मेरे।।।

- कर्णिका अग्रवाल

# अध्याय6

कैसा इश्क़ का खुमार
चढा है मुझपर
आते हो तुम रातों को
मेरे ख्यालों में
ना तुम कुछ
कह पाते हो
ना मै कुछ
कह पाती हूँ
तुम्हे देखने से
पहले ही झुक
जाती है मेरी
आंखे शर्म से

# अध्याय7

जब से तुम आये हो
तब से कुछ बदल सी
गयी है मेरी जिंदगी
कैसा खुमार चढा है
मुझपर इश्क का
ये मेरा दिल
नही समझता।।

- कर्णिका अग्रवाल

# अध्याय8

कृष्ण अपारिभाषित हो तुम
यशोदा के लाल हो तुम
देवकी के नंदन हो तुम
गोपियों के प्रिये हो तुम
राधा के प्रियेतम हो तुम
कृष्ण अपारिभाषित हो तुम
जमुना का पानी हो तुम
झरनो सा झरता हो तुम
कृष्ण अपारिभाषित हो तुम

# अध्याय 9

रुक्माणि के श्री हो तुम
सुदामा के मित्र हो तुम
परमेश्वर परमात्मा हो तुम
कृष्ण अपारिभाषित हो तुम
ब्रजवासी के पालन हार हो तुम
वरसाना के रहने वाले
लोगो के हृदय में हो तुम
सागर से गहरे हो तुम
राधे के रोम रोम में हो तुम
कृष्ण अपारिभाषित हो तुम
कृष्ण अपारिभाषित हो तुम।।।

- कर्णिका अग्रवाल

# अध्याय 10

कान्हा तुम पर क्या कहूँ
मेरे जीवन का आधार हो तुम
मेरे जीवन के साथी हो तुम
मथुरा की काल कौठरी में जन्म हुआ
बचपन तुमने गोकुल में बीताया
देवकी माँ ने जन्म दिया
यशोदा माँ ने पालन दिया
कान्हा तुम पर क्या कहो मै
मेरे जीवन के आधार हो तुम
मेरे जीवन के साथी हो तुम
गोपियों के वस्त्र चुराते हो तुम
उन्हे शिक्षा का पाठ पढ़ाते हो तुम
गोपियों की मटकी फोड़ते हो तुम
उन्हे छेड़ते हो तुम
कान्हा तुम पर क्या कहूँ मैं
मेरे जीवन के आधार हो तुम
मेरे जीवन के साथी हो तुम

बाँसुरी बजाते हो तुम
राधे के मन को भाते हो तुम
कन्हा तुम पर क्या कहूँ मैं
मेरे जीवन के आधार हो तुम
मेरे जीवन के साथी हो तुम।।।

– कर्णिका अग्रवाल

# अध्याय 11

है माँ ममता का वो रुप
फिर भी सबसे अलग है वो
नौ महीने रखा जिसने हमे अपनी कोक में
ऐसा है ममता का वो रुप

रात भर जागती है वो
हमारे सोने के बाद सोती है वो
ऐसा है ममता का वो रूप

रेंगते रेंगते चलाया जिसने
गिर जाने पर उठाया जिसने
ऐसा है ममता का वो रुप

हाँ जब थोडी बडी हुई मै
माँ बनकर डाँटा उसने
एक सखी बनकर समझाया उसने
ऐसा है ममता का वो रुप

ईश्वर तो जन्मदाता होता है
पर माँ तो सन्तान को जन्म देती है
ऐसा है ममता का वो रुप

ईश्वर के चरणो में दुआ होती है
तो माँ के चरणों में जन्नत होती है
ऐसा है ममता का वो रुप
ऐसा है ममता का वो रुप।।।।

- कर्णिका अग्रवाल

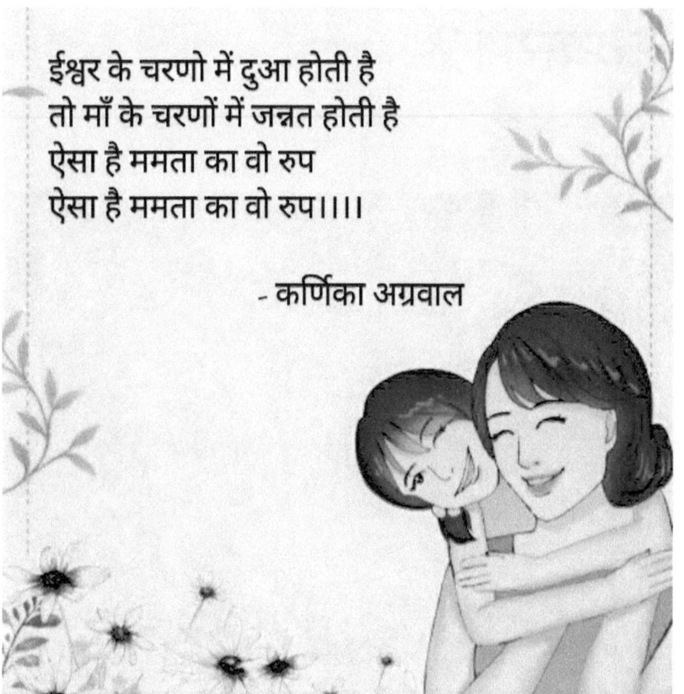

# अध्याय 12

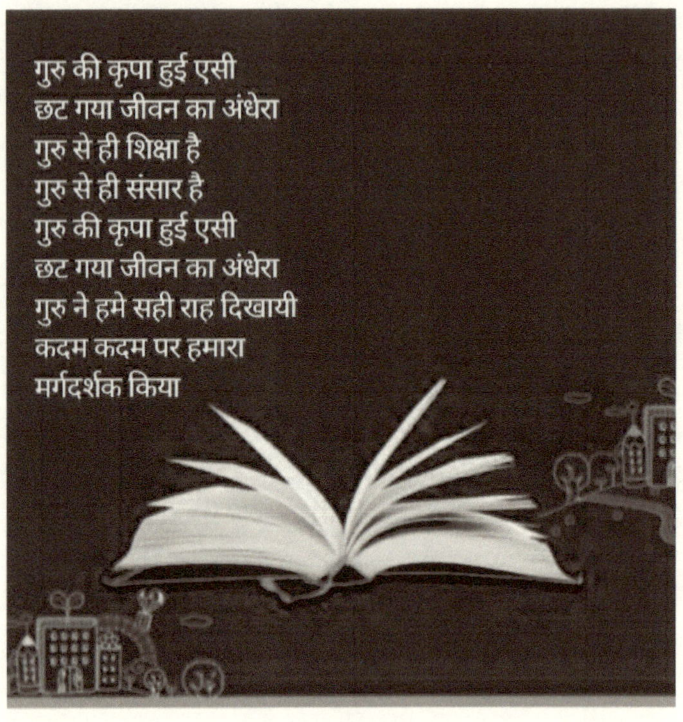

गुरु की कृपा हुई एसी
छट गया जीवन का अंधेरा
गुरु से ही शिक्षा है
गुरु से ही संसार है
गुरु की कृपा हुई एसी
छट गया जीवन का अंधेरा
गुरु ने हमे सही राह दिखायी
कदम कदम पर हमारा
मर्गदर्शक किया

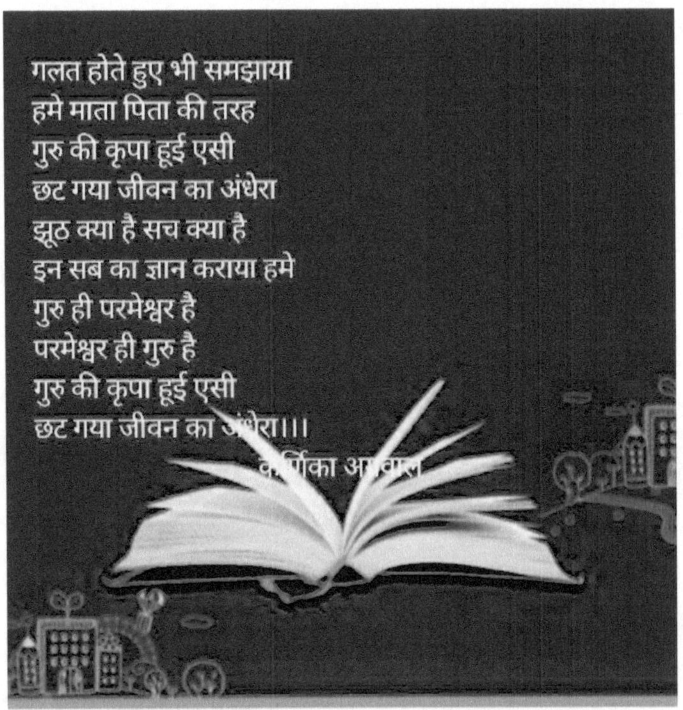
गलत होते हुए भी समझाया
हमे माता पिता की तरह
गुरु की कृपा हूई एसी
छट गया जीवन का अंधेरा
झूठ क्या है सच क्या है
इन सब का ज्ञान कराया हमे
गुरु ही परमेश्वर है
परमेश्वर ही गुरु है
गुरु की कृपा हूई एसी
छट गया जीवन का अंधेरा।।।
कर्णिका अग्रवाल

# अध्याय 13

कुछ बात और

कुछ ख्वाब अधूरे
से ही रह गए
हमारे मिलन की
कुछ शामे अधूरी
सी रह गयी
हमारी जिन्दगी का
सफर अभी शुरु
हुआ ही था

अनकहे अल्फ़ाज़
कुछ अधूरे ही
रह गए
तेरी हर कही
बात याद दिलाती
है मुझे
हमारी हर मुलाकत
याद दिलाती है मुझे।।।
-कर्णिका अग्रवाल

# अध्याय 14

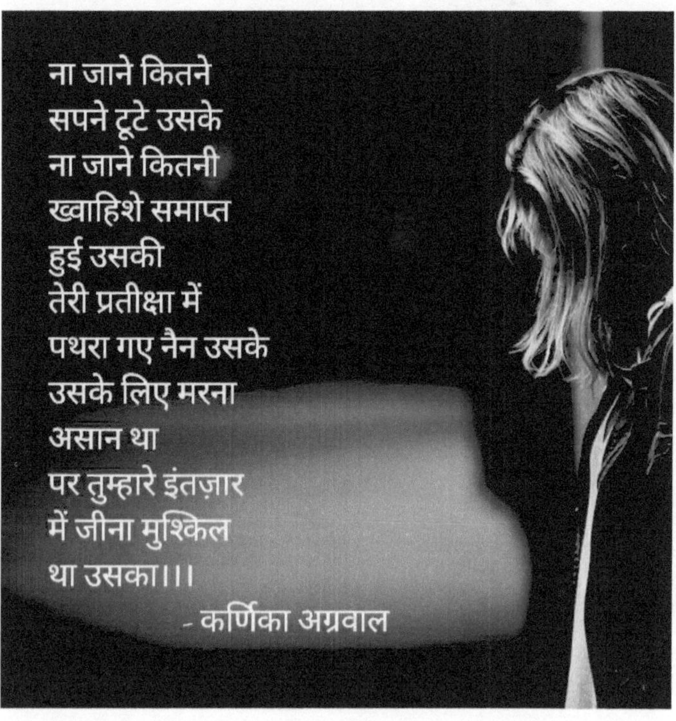

ना जाने कितने
सपने टूटे उसके
ना जाने कितनी
ख्वाहिशे समाप्त
हुई उसकी
तेरी प्रतीक्षा में
पथरा गए नैन उसके
उसके लिए मरना
असान था
पर तुम्हारे इंतज़ार
में जीना मुश्किल
था उसका।।।
- कर्णिका अग्रवाल

# अध्याय15

ऑनलाइन से शुरु हुआ था हमारी
मुलाकात का यह पहला सफर
ना तुमने देखा था मुझे
ना मेने देखा था तुम्हे
अंजान सी थी यह मुलाकात
पता ही नही चला कब मै
तुमसे दिल से प्यार कर बेठी
सिलसिला शुरू हुआ था
पहली बातचित का
कुछ घबराई हुई सी थी मै
थोडे घबराएँ हुए तुम भी थे

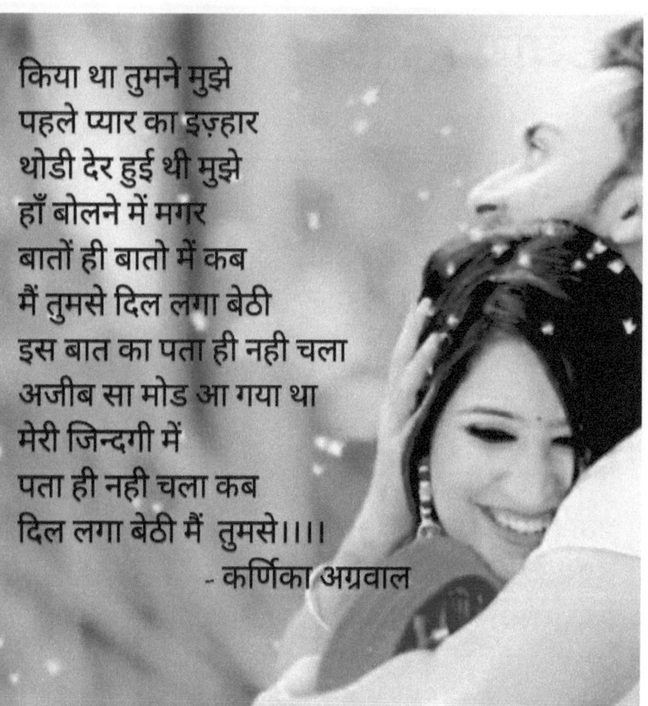

किया था तुमने मुझे
पहले प्यार का इज़हार
थोडी देर हुई थी मुझे
हाँ बोलने में मगर
बातों ही बातो में कब
मैं तुमसे दिल लगा बेठी
इस बात का पता ही नही चला
अजीब सा मोड आ गया था
मेरी जिन्दगी में
पता ही नही चला कब
दिल लगा बेठी मैं  तुमसे।।।।
- कर्णिका अग्रवाल

# अध्याय 16

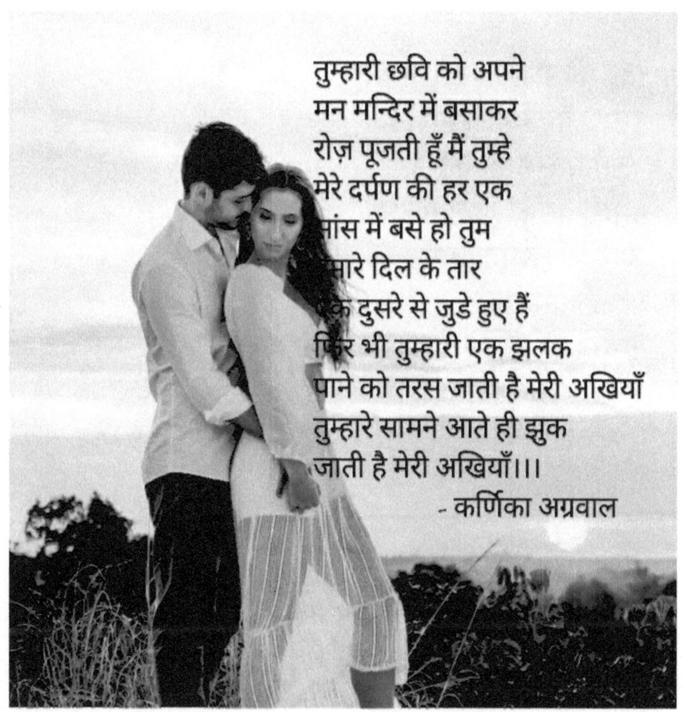

तुम्हारी छवि को अपने
मन मन्दिर में बसाकर
रोज़ पूजती हूँ मैं तुम्हे
मेरे दर्पण की हर एक
सांस में बसे हो तुम
सारे दिल के तार
एक दुसरे से जुडे हुए हैं
फिर भी तुम्हारी एक झलक
पाने को तरस जाती है मेरी अखियाँ
तुम्हारे सामने आते ही झुक
जाती है मेरी अखियाँ।।।
- कर्णिका अग्रवाल

# अध्याय 17

चांद की रोशनी में हुआ था
हमारा यह पहला मिलन
किसे मालूम था की
हमारी यह अंजानी मुलाकात
प्यार की मुलाकात में
बदल जायेगी
तुमने मुझे आँखो ही
आँखो में कर दिया था
प्यार का इज़हार

रातो को जागते हुए
तुम्हे चांद में देख
लिया करती हूँ मै
हर रोज़ चाहती हूँ
तुमसे मिलना
मालूम नही है वजाह
तुमसे मिलन की।।।।
- कर्णिका अग्रवाल

# अध्याय18

क्या कहानी लिखूँ मै
खुद ही की अपनी
दी जो दस्तक तुमने
मेरे दिल के दरवाज़े पर
हुआ था मुझे भी पहली
बार वैसा ही एहसास
तुमसे मुलाकात होने पर
चारो तरफ था कुछ अलग
सा ही नज़ारा उस दिन
हर कोई कर रहा था अपने
प्यार का इंतेज़ार उस दिन।।।
- कर्णिका अग्रवाल

# अध्याय 19

सीता कल भी पवित्र थी और
आज भी पवित्र है वो नारी
हुई तो थी सीता की अग्निपरीक्षा
जमाने को दिखाने के लिए
पता था श्री राम को
सीता का पवित्र होना
असली वजह तो यह थी की
राम को अग्निदेव से लेनी
थी अपनी सीता वापस
जमाने जमाने की बात है
नारी की परीक्षा त्रेता युग
से होती आयी है

और आधुनिक युग में भी
हर नारी की परीक्षा होती रहेगी
जमाना तब भी खराब था और
आज भी खराब है जमाना
हुआ था त्रेता युग में सीता हरण
आधुनिक युग में भी  हर गली
और मुहल्ले में  घूम रहा है
आज भी वो रावण और
आज भी करने को  है
वो सीता हरण।।।
- कर्णिका अग्रवाल

# अध्याय20

है प्यार की कश्ती में
सवार वो दो दिल
करना तो चाहते है
दोनो एक दूसरे को
अपने प्यार का इज़हार
पर अनजान है दोनो
अपने हाल - ए -दिल से
हर किसी को इंतेज़ार
होता है अपने प्यार का
फिर भी इज़हार करने से
कतराते है वो दो अंजान दिल
है प्यार की कश्ती में
सवार वो दो दिल।।।।
- कर्णिका अग्रवाल

# अध्याय21

मेरे जीने का
सहारा हो तुम
मेरे पास होने का
एहसास हो तुम
सारी यादों को
अपने दामन में
समेट लूँ मै
तुम्हारी सिर्फ यादें
ही होंगी मेरे पास
लेकिन बस वो यादें
बनाने बाला ही नही
होगा मेरे साथ ।।।
- कर्णिका अग्रवाल

# अध्याय22

तुम एक खुली
किताब की
तरह से हो
तुम शब्दों में
नही एहसास में
छुपे हुए हो
एक राज़ बनकर
आए हो तुम
अब एक पहेली
बनकर रह गए
हो तुम

तुम्हारे आने से
पहले क्या थी
मेरी जिन्दगी
तुम्हारे आने के बाद
क्या हो गयी
मेरी जिन्दगी
मेने हर लम्हो
मे पाया तुम्हे
अपने हर एहसास
मैं छुपाया तुम्हे।।।
- कर्णिका अग्रवाल

www.ingramcontent.com/pod-product-compliance
Lightning Source LLC
Chambersburg PA
CBHW021813150726
47989CB00004B/1917